A MON PÈRE.

A MA MÈRE.

PIÉTÉ FILIALE.

H. C. DOYEN.

FACULTÉ DE DROIT DE STRASBOURG.

PROFESSEURS.

MM. Rauter ✿ . . . . . doyen et professeur de procédure civile et de
législation criminelle.

Hepp ✿ . . . . . . professeur de Droit des gens.

Heimburger . . . . professeur de Droit romain.

Thieriet ✿. . . . . professeur de Droit commercial.

Aubry ✿. . . . . . professeur de Droit civil français.

Schützenberger ✿ . professeur de Droit administratif.

Rau . . . . professeur de Droit civil français.

Eschbach . . . . . professeur de Droit civil français.

M. Blœchel ✿, professeur honoraire.

PROFESSEUR SUPPLÉANT.

M. Destrais.

M. Pothier, secrétaire, agent comptable.

Président de l'acte, M. Hepp.

Examinateurs, MM.
{ Hepp,
Heimburger,
Thieriet,
Destrais.

La Faculté n'entend ni approuver ni désapprouver les opinions particulières du candidat.

DROIT CIVIL FRANÇAIS.

DE L'ÉTAT CIVIL ET DE LA MANIÈRE DE CONSTATER LES FAITS QUI LUI SERVENT DE BASE.

DE L'ÉTAT CIVIL EN GÉNÉRAL.

Une personne est un sujet capable d'obliger les autres envers lui et de s'obliger envers eux.

On distingue les personnes en physiques ou morales.

Dans les personnes physiques on ne considère que l'état de l'homme, que la place qu'il occupe dans la société, dans la famille, avec ses droits et ses obligations.

Les personnes morales sont des êtres abstraits, tels que l'État, les communes, les établissements publics, qui ont des droits et des obligations.

L'État appliqué aux personnes physiques peut s'entendre d'une condition ou qualité, en vertu de laquelle elles jouissent de droits plus ou moins étendus et sont soumises à des devoirs plus ou moins nombreux.

1

Le mot état est encore employé dans le droit civil pour désigner l'ensemble des rapports qui existent entre un individu et une famille. En effet dans la famille, une personne a la condition de père ou de fils, d'adoptant ou d'adopté, etc., et en conséquence peut prétendre aux droits qui découlent de la puissance paternelle, de la filiation, de l'adoption, etc.

Les deux mots état et capacité sont donc corrélatifs.

La capacité, qui résulte de l'état des personnes, peut être envisagée suivant le droit politique ou suivant le droit civil.

L'état politique se compose de l'ensemble des qualités requises pour l'exercice des droits de citoyen.

L'état civil *in sensu lato*, c'est la capacité juridique dont jouissent les Français et les étrangers à l'exclusion des morts civilement.

En effet le mort civilement ne conserve que la jouissance des droits indispensables au soutien de sa vie physique; il reste capable de toutes espèces de conventions qui n'appartiennent qu'au droit des gens, et peut même défendre les biens qu'il acquiert de cette manière par le ministère d'un curateur.

L'étranger dans le cas où sa condition est la plus défavorable, c'est-à-dire, lorsqu'il n'a été fait aucun traité avec le pays auquel il appartient, possède un état préférable à celui du mort civilement.

Il peut se marier en France avec une Française, et y régler ses conventions matrimoniales (art. 15). Les art. 14 et 15 lui permettent de comparaître devant les tribunaux français, soit comme demandeur, soit comme défendeur, pour l'exécution des obligations contractées avec un Français; enfin en vertu de la loi du 14 juillet 1819, il recueille les successions auxquelles il est appelé en France, et y dispose de ses biens, soit par donation entre vifs, soit par testament de la même manière que le Français.

Par contre il est soumis à des dispositions exceptionnelles, d'après lesquelles il est traité plus sévèrement que les Français, c'est ce qui a lieu en matière de contrainte par corps et lorsqu'il comparaît devant les tribunaux français.

L'état civil *in sensu stricto* désigne la capacité juridique dont les Français jouissent à l'exclusion des étrangers.

L'étranger qui a été admis par l'autorisation du gouvernement à établir son domicile en France, y jouit à la vérité des droits civils, cependant comme cette autorisation ne lui donne pas la qualité de Français, il reste soumis aux dispositions des lois personnelles de son pays.

Enfin tous les Français sans distinction jouissent de la plénitude des droits civils.

Les qualités dont l'ensemble constitue pour chacun son état civil ou privé ne peuvent être modifiées par aucune convention ; elles s'attachent à la personne et la suivent partout. Ainsi le Français est toujours majeur à l'âge de vingt-un ans accomplis dans quelque pays qu'il réside ; et la mort civile qui est l'état de celui qui est condamné à l'une des peines qui l'emportent de plein droit, le suit même en pays étrangers (Delvincourt). Quant aux dispositions du Code qui confèrent des avantages pécuniaires en vertu de telle ou telle qualité, on est toujours libre d'y déroger.

Les causes qui exercent le plus d'influence sur l'état civil, sont l'âge, le sexe et la parenté ; nous examinerons comment elles le modifient ; nous rechercherons également quels sont les faits qui lui servent de base.

De la naissance. — Du décès.

Pour être capable de recueillir des droits il faut être né, ou il faut au moins avoir en soi le germe de la vie ; ainsi ceux qui sont conçus recueillent toutes les dispositions qui sont faites en leur faveur, mais dans ce cas leur capacité est subordonnée à deux conditions, à savoir qu'ils naissent vivants et viables.

On dit qu'un enfant n'est pas né viable lorsqu'il n'a pas atteint le degré de conformation nécessaire pour que son existence puisse s'étendre à la durée ordinaire de la vie, la viabilité se juge d'après le temps qu'a duré la gestation de l'enfant, car la médecine légale reconnaît que l'enfant doit demeurer dans le sein de sa mère cent quatre-vingts jours au moins et trois cents au plus pour qu'il ait une constitution régulière.

En conséquence malgré la présomption de légitimité qui existe en faveur des enfants conçus pendant le mariage, la loi permet au mari de désavouer l'enfant, s'il prouve que pendant le temps qui a couru depuis le trois centième jusqu'au cent quatre-vingtième jour avant la naissance de l'enfant, il était dans l'impossibilité physique de cohabiter avec sa femme (art. 312).

De là vient aussi la présomption d'illégitimité, qui existe contre les enfants nés avant le cent quatre-vingtième jour du mariage ou trois cents jours après sa dissolution (314-315).

L'enfant qui ne naît pas viable est considéré dans le droit comme s'il n'avait jamais existé ; s'il naît viable, toutes les dispositions faites en sa faveur pendant sa conception lui sont irrévocablement acquises.

Ces pricipes ont leur sanction dans les dispositions des art. 725 et 906 du Code civil. Suivant l'art. 906, pour être capable de recevoir par donation ou par testament, il ne suffit pas d'être conçu au moment de la donation ou du décès du testateur, il faut encore être né viable, et suivant l'art. 725 sont exclus de toute succession : 1° celui qui n'est pas conçu, 2° celui qui n'est pas né viable.

Il faut nécessairement exister pour jouir du bienfait des lois. Nous venons de voir que celui qui est conçu peut recueillir des droits, parce qu'il a déjà en lui le germe de la vie ; quant à celui qui a cessé d'être, il est évident qu'il ne peut plus avoir aucune capacité.

Ainsi, celui qui réclame un droit du nom d'une personne dont l'existence est incertaine doit prouver qu'elle existait au moment où ce droit a été ouvert ; jusqu'à cette preuve il est déclaré non recevable dans sa demande (art. 135). C'est en vertu du même principe que le propriétaire d'une rente viagère n'en peut demander les arrérages qu'en justifiant de son existence ou de celle de la personne sur la tête de laquelle elle a été constituée (art. 1983).

La loi a de plus établi des présomptions de survie pour le cas où plusieurs personnes appelées à la succession l'une de l'autre périssent dans un même événement, sans que l'on puisse reconnaître laquelle est décédée la première; dans ce cas la présomption de survie est déterminée par les circonstances du fait, et à leur défaut par la force de l'âge et du sexe (720-722).

Il importe de savoir si ces présomptions n'ont lieu qu'en matière de successions, ou si elles doivent être considérées comme des règles générales, applicables notamment au cas où le testateur et le légataire ont péri dans le même événement. Nous adopterons à cet égard l'opinion de M. Duranton, qui pense que ces présomptions ne peuvent être invoquées que lorsqu'il est question de successions.

Cette solution nous paraît conforme aux principes du droit; les présomptions légales résultent d'une disposition expresse de la loi, et il n'est pas permis de les étendre d'un cas à un autre analogue; or, celle que nous examinons en ce moment se trouve placée au titre des successions, et il n'en est point question au titre des testaments; d'ailleurs le législateur, en établissant ces présomptions, a voulu empêcher qu'il y ait des hérédités vacantes; nous pensons donc que dans les autres cas, on rentrera dans le droit commun, et on devra prouver le prédécès du testateur.

Du sexe.

La condition des femmes est en général moins avantageuse que celles des hommes. Les prérogatives que la loi a attachées au sexe masculin sont trop importantes pour que nous les passions sous silence.

L'homme jouit seul des droits politiques; lui seul peut siéger dans une assemblée législative et prendre part au gouvernement des affaires de l'État. Il exerce les emplois publics, et peut seul être témoin dans les actes de l'état civil et dans les actes reçus devant notaire; la femme cependant est habile à déposer en justice, soit au civil, soit au criminel : on peut avoir besoin de son témoignage pour éclaircir une affaire; d'ailleurs, en ceci elle ne concourt pas à l'exercice de la puissance publique.

Enfin les femmes autres que la mère et les ascendantes, sont exclues de la tutelle, parce que ces fonctions, bien qu'elles se rapportent au droit civil, peuvent être considérées comme des emplois publics (442).

Quant à l'exercice des droits civils, il faut distinguer suivant qu'elles sont ou ne sont pas mariées; dans le dernier cas, elles peuvent s'obliger valablement, et leurs engagements sont tout aussi parfaits que ceux contractés par les hommes; elles peuvent faire le commerce, et sous ce rapport, elles sont soumises aux mêmes obligations qu'eux.

La capacité civile de la femme reçoit de grandes restrictions, lorsqu'elle contracte le lien civil du mariage. En vertu de l'art. 213, elles sont tenues d'obéir à leur mari. Le mariage étant une société a besoin d'un chef; or, c'est le mari qui supporte en grande partie les charges du mariage, il est donc juste qu'il ait aussi une autorité plus grande dans la famille.

De cette puissance maritale qui est fondée en nature, et dont les effets sont réglés par le droit civil, dérive l'obligation pour la femme de demander l'autorisation du mari, soit pour ester en justice, soit pour contracter (art. 213 et suivants). Cette incapacité commence à partir de la célébration du mariage, et ne cesse qu'à sa dissolution. Cependant la femme peut sans autorisation de son mari, faire son testament, parce qu'alors elle dispose pour un temps où elle n'existera plus.

Enfin, il est des cas dans lesquels leur condition est plus avantageuse que celle des hommes. Par là qu'elles acquièrent leur développement physique plus tôt que les hommes, elles peuvent se marier dès l'âge de quinze ans révolus, tandis que les hommes ne peuvent le faire qu'à l'âge de dix-huit ans révolus (144).

A cause de leur inexpérience des affaires, elles ne sont soumises à la contrainte par corps en matière civile que dans le cas de stellionat.

Si elles sont mariées, la contrainte par corps ne peut être appliquée contre elles que lorsqu'elles sont séparées de biens, ou lorsqu'elles ont des biens dont elles se sont reservé la libre administration et à raison des engagements qui concernent ces biens.

Et celles qui, étant en communauté, se seraient obligées conjointement ou solidairement avec leur mari, ne pourront être réputées stellionataires à raison de ces contrats (2066).

De l'âge.

L'âge est une des qualités physiques qui modifient le plus l'état civil d'une personne; nous allons examiner quelle influence il exerce sur sa capacité.

Relativement à l'âge, nous comprenons tous les hommes en deux grandes classes; celle des majeurs et celle des mineurs. Le majeur est l'individu de l'un et de l'autre sexe âgé de vingt-un ans accomplis. La constitution de l'an VIII avait déjà fixé la majorité politique à cet âge, et les rédacteurs du Code civil, considérant que l'exercice des droits politiques exige au moins un discernement aussi grand que l'exercice des droits civils, fixèrent également la majorité civile à vingt-un ans accomplis.

Dès que l'homme a atteint cet âge, il a un plein pouvoir de faire tous les actes de la vie civile; il peut consentir à toutes espèces de contrats, il peut même se lier irrévocablement en acceptant le bénéfice de l'adoption (346, 353). Cependant, par exception, il reste pour l'accomplissement de cet acte sous la puissance de ses père et mère jusqu'à vingt-cinq ans.

De même le fils qui veut se marier est tenu de demander le consentement de ses père et mère jusqu'à l'âge de vingt-cinq ans accomplis ; si les père et mère sont morts, ou s'ils sont dans l'impossibilité de manifester leur volonté, les aïeuls et aïeules les remplacent (148 et 149).

Une dernière exception à la règle générale est renfermée dans les les art. 343 et 361 qui exigent, pour que l'on puisse adopter quelqu'un ou en être le tuteur officieux, que l'on soit âgé de plus de cinquante ans.

État civil des mineurs.

L'incapacité du mineur durant l'enfance est absolue ; il ne peut former aucun contrat, parce que nulle convention ne peut exister sans consentement (art 1108), et que pour consentir il faut avoir plus de de discernement qu'on en a dans les premières années de la vie.

Le mineur qui comprend la valeur et l'étendue de ses engagements n'est pas absolument incapable de contracter ; il est seulement incapable de s'obliger en contractant ; il peut obliger les autres envers lui, quoiqu'il ne puisse s'obliger envers les autres. La loi voulant empêcher qu'on profite de son inexpérience pour lui faire contracter des engagements ruineux, regarde celui qui s'est obligé envers lui comme lié d'une manière irrévocable, et permet au mineur seul de faire annuler ses engagements (1125).

A l'âge de seize ans, il peut disposer par testament, mais seulement de la moitié des biens dont la loi permet la disposition au majeur (904). Les dispositions qu'il fait par contrat de mariage sont valables lorsqu'il est assisté des personnes dont le consentement est nécessaire pour la validité du mariage ; enfin lorsqu'il a été émancipé, il peut faire les actes d'administration.

Le mineur commerçant, banquier ou artisan, est lié d'une manière aussi irrévocable que le majeur pour les engagements qu'il souscrit à raison de son commerce ou de son art ; il ne peut, dans ces cas, prétexter son inexpérience ou son peu de discernement pour se faire restituer : ainsi le mineur ne peut faire le commerce qu'après avoir rempli les conditions prescrites par la loi, et l'autorisation qu'il a reçue prouve suffisamment qu'il est apte à faire ces actes. D'ailleurs si on lui laissait la liberté de ne pas tenir ces engagements, cette autorisation qu'on lui accordait serait illusoire, personne n'oserait contracter avec lui.

La loi est à son égard d'une rigueur inflexible dans toutes les dispositions qui tiennent à l'ordre public ; il ne peut pas être restitué contre le défaut d'acceptation ou de transcription d'une donation, quand même ceux contre lesquels il a le droit de recourir seraient insolvables, ni contre le défaut d'inscription d'une hypothèque.

Enfin le mineur, qu'il soit émancipé ou non, a la même capacité pour accepter un mandat que le majeur ; bien que dans l'art. 1990 il ne soit question que du mineur émancipé, l'intention du législateur n'était pas de refuser ce pouvoir au mineur non émancipé, mais de déterminer les effets qui résultent de l'acceptation du mandat. Telle est l'opinion de M. Duranton.

Cependant le mineur conserve les priviléges de sa minorité quant aux obligations qui naissent entre lui et le mandant par suite de l'exécution du mandat (1990).

Les rédacteurs du Code civil ont en outre accordé différents priviléges à ceux qui, à raison de leur âge, méritent une protection spéciale. Ainsi les mineurs ont, pour se faire restituer contre leurs engagements, l'action en nullité ou en rescision, qui se prescrit au bout de dix ans à partir de leur majorité (1304). S'ils sont émancipés, ils peuvent se faire restituer contre les actes autres que ceux d'administration ; enfin qu'ils soient émancipés ou non, les actes faits en contravention des formalités prescrites par la loi et qui sont indiquées au titre de la tutelle, ne peuvent jamais nuire à leurs intérêts (C. c. art. 1314).

Ils ne sont pas soumis à la contrainte par corps en matière pure-

2

ment civile (2064). S'ils sont dûment autorisés à faire le commerce, ils sont passibles de la contrainte par corps comme le majeur pour les engagements qu'ils ont souscrits à raison de leur commerce. (art. 2 de la loi du 16 avril 1832).

Celui qui est âgé de soixante-cinq ans accomplis peut refuser d'être tuteur, et celui qui a été nommé avant cet âge, peut à soixante-dix ans se faire décharger de la tutelle; enfin les septuagenaires ne sont pas passibles de la contrainte par corps; il suffit même que la soixante-dixième année soit commencée pour qu'ils jouissent de ce privilége (art. 2061).

De la parenté.

La parenté, dit M. Proudhon, forme une partie essentielle de l'état civil des personnes, puisque la loi attribue à l'homme différentes qualités et des droits divers suivant le rang qu'il occupe dans la famille.

La parenté est purement naturelle ou civile, ou naturelle et civile à la fois.

Les enfants naturels sont en général tous ceux qui sont conçus hors mariage; du moment qu'ils sont conçus pendant le mariage, il y a présomption légale qu'ils sont légitimes (312). Leur condition diffère suivant qu'ils sont incestueux, adultérins ou naturels proprement dits.

Les enfants incestueux sont ceux qui naissent du commerce charnel entre personnes qui sont parentes à un degré auquel la loi prohibe le mariage; on nomme adultérins ceux dont le père ou la mère étaient, à l'époque de la conception, engagés dans les liens du mariage avec une autre personne; enfin les enfants naturels proprement dits sont ceux dont le père et la mère avaient la capacité juridique de contracter ensemble les liens du mariage à l'époque de la conception.

Le législateur a manifesté par les dispositions du Code toute l'horreur que lui inspire l'union dont est né l'enfant incestueux ou adul-

térin. Les derniers ne peuvent jamais jouir des droits de famille, puisqu'il n'est pas permis de les légitimer ni de les reconnaître (335) ; ils
ne sont pas admis à la recherche soit de la paternité, soit de la maternité ; ils n'appartiennent à aucune famille suivant la loi et n'ont aucune part à réclamer dans les successions de leurs parents naturels
(762).

Les enfants naturels proprement dits peuvent être reconnus par
leurs père et mère ou par l'un d'eux seulement ; cependant cette re-
reconnaissance ne fait point entrer dans la famille l'enfant naturel ;
ses rapports se bornent au père et à la mère ; ses droits et ses devoirs
se renferment dans les mêmes limites.

Ainsi ils n'ont de droits que sur les biens de leurs père ou mère
décédés ; la loi leur refuse tout droit sur les biens des parents de leur
père ou mère (756), et lorsqu'ils veulent se marier, ils ne sont jamais
tenus de demander le consentement des aïeuls et aïeules.

Enfin ils peuvent être légitimés par le mariage subséquent de leurs
père et mère, et alors ils ont les mêmes droits que s'ils étaient nés de
ce mariage (331 - 333).

La parenté purement civile est l'œuvre de la loi seule et résulte de
l'adoption ; elle a lieu entre l'adoptant, l'adopté et les descendants de
celui-ci, ainsi qu'entre les enfants légitimes ou adoptifs de l'adoptant
(348).

L'adopté reste étranger aux parents de l'adoptant et n'acquiert aucun
aucun droit de successibilité sur leurs biens ; l'adoption d'ailleurs ne
fait pas sortir l'adopté de sa famille naturelle, il y conserve tous ses
droits.

La parenté naturelle et civile à la fois a sa source dans le mariage ;
quant aux relations qui existent entre les membres de la même famille,
c'est du droit civil qu'elles reçoivent leur sanction.

Cette parenté engendre des droits et des devoirs trop nombreux,
pour que nous puissions les examiner ; nous en indiquerons seulement
les principaux.

Ceux qui ont donné le jour à l'enfant doivent aussi pourvoir à sa subsistance, et celui-ci, à son tour, stimulé par un juste sentiment de reconnaissance, doit pourvoir aux besoins de ses parents et soutenir leur pas chancelants ; la loi civile, pour remplir le vœu de la nature, a accordé une action aux ascendants et descendants, et même à certains alliés, pour obtenir des aliments les uns des autres.

La loi a imposé aux parents le devoir de donner de l'éducation à leurs enfants, et leur a, dans ce but, accordé un droit de correction ; elle a en même temps tracé les limites dans lesquelles ce droit doit être exercé, de peur que les parents, animés par des sentiments de haine ou de vengeance, ne le fassent dégénérer en tyrannie.

La parenté et l'alliance produisent aussi des empêchements au mariage. Un des droits principaux qui naissent de la parenté est celui de la successibilité des uns à l'égard des autres ; enfin la parenté ne produit plus d'effets au delà du douzième degré (art. 755, C. c.).

DE LA MANIÈRE DE CONSTATER LES FAITS QUI SERVENT DE BASE A L'ÉTAT CIVIL.

Nous avons démontré que la naissance et le décès sont les faits qui servent de fondement à l'état civil ; nous avons également fait voir quelle influence exercent sur cet état des faits tels que le mariage, l'adoption, la reconnaissance d'un enfant naturel.

Le législateur n'a pu s'occuper des premiers que pour en assurer la preuve ; il a dû en outre exiger, pour l'accomplissement des seconds, des solennités propres à garantir les intérêts des parties et de la société qu'elles intéressent au plus haut degré.

Il importe d'ailleurs que tous les faits sans distinction, tant ceux qui servent de base à l'état civil, que ceux qui le modifient d'une manière quelconque soient constatés d'une manière certaine, afin que celui qui réclame un droit puisse toujours prouver la qualité en vertu de laquelle il lui compète. Ce but est atteint au moyen des actes inscrits sur les registres de l'état civil.

Ainsi, au moyen de l'acte de naissance, on fournit la preuve de sa majorité ou de sa minorité, on justifie que l'on a l'âge requis pour contracter les liens du mariage et pour exercer telle ou telle fonction publique ; c'est aussi au moyen de cet acte que l'on prouve sa filiation légitime (art. 319).

L'acte de mariage assure à l'union légitime de l'homme et de la femme tous ses effets civils. L'acte de décès sert de preuve à ceux auxquels cet événement fait acquérir des droits, comme celui de succéder, de recevoir par testament.

Sont en outre inscrits dans ces registres tous les actes ou jugements qui se rapportent à l'un de ces trois faits ; et en conséquence :

1° L'acte de reconnaissance d'un enfant naturel, et il en sera fait mention en marge de l'acte de naissance, s'il en existe un (art. 62, 334, 341).

2° L'adoption, lorsqu'elle a été admise par la justice (359).

3° L'acte de célébration du mariage contracté en pays étranger (art. 171) et le jugement qui constate la célébration légale du mariage.

4° Enfin tout jugement de rectification d'un acte de l'état civil, et mention en sera faite en marge de l'acte réformé (1017).

Notions historiques sur la manière de constater ces faits.

Anciennement la preuve des faits qui intéressent le plus les familles et par conséquent la société, était fragile et précaire ; elle résultait soit des papiers domestiques, soit des dépositions des témoins.

On reconnut bientôt le danger de ces preuves, et le besoin de fixer d'une manière plus sûre l'état des individus fit établir des registres publics pour y inscrire la naissance, le mariage et le décès de chaque citoyen.

Les premiers registres de l'état civil furent tenus en France par le clergé; plusieurs ordonnances avaient même déclaré que les actes de l'état civil, dressés par les curés, feraient preuve en justice : parmi ces ordonnances, il faut ranger celle émanée de François Ier en 1539, celle de Henri III de 1579, enfin celle d'avril 1667.

La condition des protestants était très-précaire en France; car, tant que le clergé tint les registres des paroisses, l'efficacité civile des mariages et la légitimité des enfants furent subordonnées à la validité religieuse de l'union des époux; lorsque l'édit du 18 novembre 1787 chargea les officiers de justice de dresser les actes de l'état civil des protestants.

Depuis la révolution de 1789, le principe de la séparation de l'ordre civil et de l'ordre religieux domina cette matière. Voilà ce que dit à cet égard le tribun Siméon dans son rapport au Tribunat : « Quand même tous les Français professeraient le même culte, il serait bon de marquer fortement que l'état civil et la croyance religieuse n'ont rien de commun, que la religion ne peut ôter ni donner l'état civil, que la même indépendance qu'elle réclame pour ses dogmes et pour ses intérêts spirituels, appartient à la société pour régler et maintenir l'état civil et les intérêts temporels. »

La loi du 20 septembre 1792, en confiant aux municipalités la tenue des registres de l'état civil, a établi pour tous les citoyens des registres et des officiers dont ils puissent tous se servir sans répugnance. Cette loi déclare d'ailleurs qu'elle n'entend pas mettre obstacle à la liberté qu'ont tous les citoyens de consacrer les naissance, mariage et décès, par les cérémonies du culte auquel ils sont attachés et par l'intervention de ses ministres; mais la loi du 28 germinal an X porte que ces registres ne pourront, dans aucun cas, suppléer les registres ordonnés par la loi pour constater l'état civil des citoyens.

Les registres tenus par les municipalités font donc seuls foi en justice.

Des officiers de l'état civil.

Nous venons de voir que la loi du 20 septembre 1792 confia aux municipalités la confection et la garde des registres de l'état civil; les conseils généraux des communes, composés, suivant la loi du 14 septembre 1789, des officiers municipaux et d'un nombre double de notables, nommaieut parmi leurs membres une ou plusieurs personnes chargées de tenir les registres.

Les rédacteurs du Code civil n'ont pas désigné les personnes qui doivent exercer les fonctions d'officier de l'état civil; leur intention était donc de les laisser entre les mains des maires et des adjoints, que la loi du 28 pluviôse an VIII en avait expressément chargés après la suppression des corps municipaux.

L'adjoint peut recevoir les actes de l'état civil sans une délégation spéciale du maire, puisque la loi de l'an VIII leur a attribué ces fonctions concurremment avec ces derniers.

Dans cet ordre d'attributions, les maires sont des fonctionnaires de l'ordre judiciaire placés sous la surveillance du procureur de la République (art. 53); ils ne peuvent donc pas invoquer le bénéfice de l'art. 75 de la constitution du 22 frimaire an VIII, lorsqu'ils sont traduits devant les tribunaux à raison de leurs fonctions d'officiers de l'état civil.

Quant à l'exercice de leurs fonctions, il ressort des dispositions des art. 55, 62 et 82, qu'ils sont toujours compétents pour recevoir les actes de reconnaissance qui ont lieu dans l'étendue du territoire de la commune à l'administration de laquelle ils ont été préposés, quand même ces actes concerneraient un de leurs parents.

L'officier civil du domicile de l'adoptant peut seul inscrire cet acte sur les registres de sa commune (art. 359); et pour la célébration du mariage, c'est à l'officier du domicile de l'une des deux parties qu'il faut s'adresser (art. 165).

L'officier civil peut recevoir un acte dans lequel un de ses parents est intéressé. Cependant nous n'irons pas jusqu'à dire qu'il pourrait célébrer lui-même son propre mariage ; il ne saurait être à la fois partie contractante et officier public. (Telle est l'opinion de M. Merlin, t. XVII.)

Des registres de l'état civil.

I. Les actes de l'état civil doivent être inscrits sur des registres ; l'officier de l'état civil, qui en inscrirait un seul sur une feuille volante, pourrait être condamné à un emprisonnement d'un mois au moins et de trois mois au plus et à une amende de seize francs à deux cents francs (C. pén., art. 192), sans préjudice des dommages-intérêts dûs aux parties (art. 1382, art. 52).

II. Ils sont inscrits dans chaque commune sur un ou plusieurs registres tenus doubles (art. 40).

L'ordonnance de 1667, tit. 20, art. 8, avait ordonné un seul registre tenu double pour les trois espèces d'actes. La loi de 1792 en établit six, c'est-à-dire trois tenus doubles, un pour les naissances, un pour les mariages et un pour les décès. L'expérience a prouvé que cette multiplicité de registres opérait souvent de la confusion ; enfin, d'après l'art. 40 du Code civil, il peut y avoir, pour l'inscription des divers actes, plusieurs registres tenus doubles ; cependant il n'oblige les communes peu populeuses qu'à un seul tenu double.

III. L'état civil est une propriété qui repose comme toutes les autres sous l'égide des tribunaux ; les rédacteurs du Code civil, en considération de ces motifs, leur ont accordé une sorte de juridiction et de police sur la tenue des registres.

Aux termes de l'art. 41, les registres doivent être cotés par le président du tribunal de première instance ou par le juge qui le remplace. Ils sont clos à la fin de chaque année par l'officier de l'état civil, et, dans le mois, l'un des doubles doit être déposé aux archives de la

commune, l'autre au greffe du tribunal de première instance (art. 43).
C'est également au greffe de ce tribunal que sont déposées les procu-
rations, et les autres pièces destinées à être annexées aux actes de
l'état civil, parce que souvent elles en sont une partie essentielle, et,
en quelque sorte la base.

Les actes sont inscrits sur les registres, de suite, sans aucun blanc ;
les ratures et les renvois doivent être approuvés et signés de la même
manière que le corps de l'acte ; il est fait défense à l'officier civil de
ne rien écrire par abréviation et de n'y mettre aucune date en chiffres
(art. 42).

Les actes de l'état civil appartiennent à la société tout entière ; en
conséquent, toute personne pourra se faire délivrer des extraits des registres par les dépositaires de ces registres ; c'est-à-dire, par l'officier de
l'état civil ou par le greffier du tribunal de première instance, et non
par les secrétaires de mairie qui n'ont aucun caractère public (art. 45).

Règles relatives à la rédaction des actes de l'état civil.

Afin d'éviter toute confusion dans l'exposé de ces règles, nous examinerons d'abord celles qui sont prescrites pour la rédaction des actes
de l'état civil reçus en France, peu importe qu'ils concernent un Français ou un étranger puisque ces règles ne changent dans aucun cas ;
puis nous verrons quels moyens les Français ont à leur disposition
pour faire constater les actes de leur état civil en pays étranger.

Règles générales concernant la rédaction des actes de l'état civil reçus en France.

La première règle est posée dans l'art. 34 qui est conçu en ces
termes : « Les actes de l'état civil énonceront l'année, le jour et l'heure
où ils seront reçus, les prénoms, nom, âge, profession et domicile de
tous ceux qui y seront dénommés.

Ces énonciations sont d'une grande importance, la moindre erreur

3

compromettrait souvent l'état des personnes; l'officier civil ne doit omettre aucune désignation qui peut servir à prouver l'identité de tous ceux qui figurent dans l'acte; il leur est même enjoint d'énoncer dans ces actes la qualité de membre de la Légion-d'Honneur (circulaire du ministre de la justice du 3 juillet 1807). Les noms qu'il leur est permis d'inscrire comme prénoms dans les registres sont ceux en usage dans les différents calendriers, et ceux des personnages connus de l'histoire ancienne (loi du 11 germinal an XI).

La seconde règle concerne les officiers de l'état civil. En vertu de de l'art. 35, les officiers n'ont qu'un ministère passif à remplir; ils ne doivent exprimer dans les actes que ce que les parties déclarent; si toutefois ces énonciations sont relatives au but que le législateur s'est proposé en faisant rédiger les actes, ainsi ils ne sont pas juges de la vérité des déclarations qui leur sont faites.

Cependant ils ne doivent pas prêter leur ministère à des actes qui ne seraient pas conformes aux dispositions de la loi; cet article le leur défend formellement; ainsi ils n'inscriront pas dans l'acte de naissance d'un enfant naturel le nom du père qui n'est pas présent pour le reconnaître. « Ce qui doit être déclaré par les parties, c'est un père certain ou par le mariage ou par son aveu, et non un père qui se cache et dont la loi ne permet pas la recherche» (Locré, page 201). La recherche de la maternité étant admise, nous pensons qu'on pourrait indiquer le nom de la mère naturelle qui n'est pas présente et ne reconnaît pas l'enfant. Telle est aussi l'opinion de MM. Proudhon et Valette. Enfin la loi ayant voulu éviter le scandale qui résulterait de la reconnaissance d'un enfant adultérin ou incestueux, l'officier civil doit avoir soin de ne recevoir dans aucun acte une déclaration qui tendrait à dévoiler le mystère d'une pareille naissance.

La troisième règle s'applique aux parties intéressées et aux déclarants. Les parties sont les personnes que l'acte concerne, et les déclarants sont celles qui doivent porter à la connaissance de l'officier public le fait à constater.

Les parties intéressées peuvent en général se faire représenter par un mandataire, mais dans ce cas il faut que la procuration soit spéciale et authentique (art. 36).

Par exception les parties sont tenues de comparaître en personne dans l'acte de célébration du mariage. Nous ne saurions admettre l'opinion de M. Toullier qui reconnaît aux parties la faculté de se marier par procureur; il serait, en effet, difficile de concilier cette opinion avec la disposition de l'art. 75, qui ordonne à l'officier civil de faire lecture aux parties du chapitre VI du titre du mariage, et de recevoir les déclarations qu'elles veulent se prendre pour mari et femme. (Delvincourt).

Tous ceux qui sont capables de rendre un temoignage digne de confiance peuvent être déclarants; et par conséquent les mineurs, les étrangers, les femmes le seront valablement.

IV. Les témoins produits aux actes de l'état civil doivent être 1° du sexe masculin, 2° âgés de vingt-un ans; ce sont les seules qualités qu'on exige qu'ils possèdent; il en résulte que les parents peuvent être témoins dans ces actes; c'est aux parties intéressées à les choisir; si les personnes n'usaient pas de cette faculté, l'officier civil pourrait en appeler lui-même (Malleville). Enfin tous les auteurs s'accordent à dire que l'étranger peut être témoin dans ces actes, quand même il ne jouirait pas des droits civils en France.

V. En dernier lieu, la loi a prescrit l'observation de formalités propres à garantir l'exactitude de l'authenticité du contenu des actes.

C'est pour atteindre le premier but qu'elle a enjoint à l'officier civil de donner lecture de l'acte aux personnes qui ont été présentes à sa rédaction, et de faire mention de l'observation de cette formalité.

Afin d'assurer l'authenticité des actes, elle exige qu'ils soient signés par l'officier civil, par les comparants et les témoins, ou que mention soit faite de la cause qui a empêché les comparants et les témoins de signer (art. 36).

Des actes reçus en pays étranger.

Les Français qui sont en pays étranger ont deux moyens à leur disposition pour faire dresser les actes de leur état : ils peuvent, dans ce but, employer le ministère des officiers civils de ce pays, ou s'adresser aux consuls et aux agents diplomatiques français.

Dans le premier cas, l'acte étant rédigé suivant les règles établies dans ce pays fait foi (art. 47); peu importe qu'il concerne un Français seulement, ou un Français et un étranger en même temps.

Dans le second cas, l'acte étant reçu conformément aux lois françaises est valable (art. 48). Il ressort des termes dans lesquels est conçu cet article que les agents diplomatiques et les consuls n'ont de pouvoir que pour constater l'état civil des Français; ils ne pourraient donc pas dresser l'acte de mariage d'un Français et d'un étranger parce que cet acte intéresse également les deux parties.

L'art. 46 dit en général que l'acte reçu en pays étranger fera foi, et l'art. 170, qui s'applique spécialement au mariage, exprime qu'il sera valable s'il a été célébré dans les formes usitées dans le pays, pourvu qu'il ait été précédé des publications prescrites, et que le Français n'ait point contrevenu aux dispositions contenues dans les art. 144-164. C'est que dans l'acte de mariage il faut distinguer les formes extérieures des conditions intrinsèques de l'acte ; la règle *locus regit actum* ne peut s'appliquer qu'aux formes extérieures ; quant à ce qui concerne les lois auxquelles le mariage se trouve assujetti, le Français est obligé de les observer même en pays étranger.

II. Les actes de l'état civil faits hors du territoire de la République et concernant les militaires ou autres personnes employées à la suite de l'armée, doivent être rédigés par les officiers désignés à cet effet, et suivant les formes ordinaires, sauf les exceptions contenues dans les art. 89-98.

Peuvent être regardés comme employés à la suite de l'armée ceux qui, n'étant ni officiers ni engagés dans les troupes, se trouvent à la suite de l'armée, soit à cause de leurs emplois ou fonctions, soit pour les services qu'ils rendent aux officiers, soit à l'occasion de la fourniture des vivres ou munitions (ordonnance de 1735, art. 31).

L'art. 88 ne s'occupe que des militaires qui sont hors du territoire de la République; dans l'intérieur ils sont donc forcés de se conformer aux dispositions générales du Code en cette matière. Cependant s'il y avait impossibilité pour eux de s'adresser aux officiers civils, nous pensons, par analogie avec l'art. 985 du Code civil, qu'ils pourraient dans ce cas profiter du privilége introduit en leur faveur par l'art. 88. D'ailleurs l'instruction du ministre de la guerre du 24 brumaire an XII leur accorde la même faculté. « Les dispositions relatives aux militaires hors du territoire français sont également applicables aux corps qui, dans les cas d'invasion ou de révolte, se trouveraient dans l'impossibilité de recourir aux officiers publics français pour constater le décès des militaires qui seraient morts sur le champ de bataille, ou pour faire divers actes relatifs à l'état civil.»

Enfin, les militaires ou autres personnes employées à la suite de l'armée ne peuvent jamais faire dresser les actes de leur état par les officiers civils étrangers; la règle *locus regit actum* ne leur est pas applicable; car, tant qu'ils sont sous les drapeaux, ils sont censés être sur le territoire français. Là où est le drapeau, là est la France; telles sont les paroles mémorables qu'a prononcées le premier consul; il est cependant un cas où ils peuvent avoir recours au ministère de ces officiers, c'est lorsqu'ils sont prisonniers de guerre; alors ils sont éloignés du drapeau.

Comment on peut prouver son état.

On ne peut prouver son état que de quatre manières: 1° par les registres de l'état civil; 2° par la possession d'état; 3° par témoins; 4° au moyen des papiers domestiques. Ces trois derniers genres de preuve n'étant admis qu'à défaut du premier, nous examinerons dans ce chapitre quelle est la force probante des actes de l'état civil ; et nous verrons dans le suivant comment on peut prouver son état lorsqu'il n'existe pas de registres.

I. *De la force probante des actes de l'état civil.*

L'acte authentique est celui qui a été reçu par officiers publics compétents et avec les solennités requises (art. 1317) ; nous sommes donc en droit de dire que les actes de l'état civil reçus conformément aux règles que nous venons d'examiner sont authentiques ; en conséquence ils font foi jusqu'à inscription de faux (art. 1319).

Cependant toutes les énonciations qu'ils renferment ne jouissent pas indistinctement d'un tel degré de certitude.

M. Delvincourt enseigne à cet égard que les déclarations faites par des personnes qui ont été investies par la loi de ce pouvoir doivent inspirer la même confiance que ce que l'officier civil atteste lui-même avoir vu ou entendu ; il ne nous paraît pas raisonnable de ne pas faire plus de cas du témoignage d'un officier public que de celui d'un mineur, d'une femme ; d'ailleurs, lorsque cet officier commet un faux dans l'exercice de ses fonctions, il est puni de la peine des travaux forcés à perpétuité ; tandis que le déclarant qui attribue à une femme un enfant autre que celui dont elle est accouchée, n'est puni que de la réclusion (art. 345, C. pén.). Nous pensons donc que les faits seuls que l'officier civil atteste *de visu et auditu* sont prouvés jusqu'à inscription de faux, encore faut-il pour cela qu'il se soit renfermé dans le cercle de ses attributions en les constatant. (Valette.)

Nous reconnaissons d'ailleurs avec M. Delvincourt, que les déclarations qui seraient faites par d'autres personnes que celles désignées par la loi, ne pourraient pas même servir de commencement de preuve par écrit.

Les extraits des registres font également foi jusqu'à inscription de faux : 1° lorsqu'ils ont été délivrés conformes aux registres ; si cette conformité est contestée, la représentation des registres peut toujours être exigée suivant le principe général énoncé dans l'art. 1334. (Toullier et Delvincourt.) ; 2° légalisés par le président du tribunal de première instance ou par le juge qui le remplacera (art. 45).

II. *Comment on peut prouver son état à défaut de registres.*

L'art. 46 qui règle cette matière est conçu en ces termes :

Lorsqu'il n'aura pas existé de registres ou qu'ils seront perdus, la preuve en sera reçue tant par titres que par témoins, et dans ce cas les naissances, mariages et décès, pourront être prouvés tant par les registres et papiers émanés des père et mère décédés que par témoins.

I. On pourra invoquer le bénéfice de cet article lorsqu'il n'aura pas existé de registres ou qu'ils seront perdus (art. 46).

Lorsque ces registres existent, mais qu'ils sont mal tenus, ils sont considérés comme n'existant pas légalement.

S'ils sont incomplets, s'il y manque des feuilles, on assimile ce cas au premier ; car à l'égard de ceux qui prétendent que les actes qui les concernent étaient inscrits sur ces feuilles, il n'existe en réalité pas de registres (Toullier et Delvincourt).

Quant aux actes inscrits sur une feuille volante, nous partageons l'opinion de M. Duranton qui pense que dans ce cas la preuve exceptionnelle de l'art. 46 ne saurait être appliquée. Ces actes sont reçus contrairement aux dispositions du Code civil (art. 40, 42, 62, 319, etc.) et n'offrent pas les mêmes garanties, puisqu'il est facile de les antidater ; ils ne doivent donc pas avoir la même force probante que ceux inscrits sur les registres.

Enfin, le dernier cas est celui où l'on a omis d'inscrire un acte sur ces registres ; c'est surtout dans ce cas que la preuve exceptionnelle de l'art. 46 doit être repoussée, autrement cette preuve pourrait presque toujours être administrée, ce qui est contraire à l'esprit de la loi (Valette).

II. Celui qui veut profiter de la disposition de cet article doit d'abord la perte des registres; tous les auteurs reconnaissent que cette preuve peut être faite, ou par titres seulement, ou par témoins seulement, ou par titres et témoins tout à la fois. Alors seulement on est admis à prouver les naissances, mariages et décés.

Cet article ne doit pas être entendu dans un sens limitatif relativement aux preuves qu'il indique; ainsi en vertu de l'art. 1353, lorsque la preuve testimoniale sera admissible, les présomptions le seront également.

Quant à la manière d'appliquer ces preuves, nous adopterons le système enseigné par la plupart des auteurs, et nous dirons que la preuve testimoniale sera reçue toute seule, ou seulement lorsqu'il existera un commencement de preuve par écrit, suivant la nature du fait que l'on voudra prouver.

Ainsi, au moyen de témoins, on prouvera un décès, et même un mariage; puisque suivant l'art. 198 la preuve de la célébration légale de cet acte peut s'acquérir par le résultat d'une procédure criminelle.

Quant à la preuve de la naissance, si celle de la filiation doit en résulter, il faut un commencement de preuve par écrit, ou que les présomptions ou indices résultant de faits dès lors constants soient assez graves pour déterminer l'admission de la preuve testimoniale (art. 323).

De même pour établir la naissance d'un enfant naturel qui prétendrait que sa mère l'avait reconnu par un acte inscrit sur les registres perdus ou détruits, il faudrait un commencement de preuve par écrit (art. 341).

JUS ROMANUM.

DE STATU CIVILI.

Status est qualitas cujus ratione homines diverso jure utuntur, isque vel naturalis vel civilis est, qui iterum in statum libertatis, civitatis et familiæ dispescitur (L. ult., fr. de cap. minut.). In eo differunt persona et homo, quod persona tantum statu civili gaudet.

Personæ significatio non solummodo singulis hominibus, sed etiam pluribus qui simul una sunt, quin etiam rebus tribui potest, has personas quæ in oculos non incurrunt fictas appellamus, quod mente et cogitatione informantur. Sæpe personæ vocabulum non aliud significat, nisi qualitatem ex qua effluunt jura quædam et variæ obligationes, eo sensu homo plures personas in caput suum assumere potest; hinc provenit divisio personarum in publicas et privatas.

De statu civili speciatim locuturi sumus, de naturali tamen pauca dicemus.

Quod ad statum naturalem attinet, homines præcipue habentur.

A. Seu nati, vel nascituri. Oportet aliquem simul vivum et vitalem nasci ut legum beneficio fruatur; septimo mense nasci perfectum partum jam receptum est propter auctoritatem doctissimi viri Hipcratis (§ 12, de statu hom.). Qui in utero est, perinde ac si in rebus

4

humanis esset, custoditur quotiens de commodis ipsius partus quæritur, qui autem in ventre est alii antequam nascatur nequaquam
prodest (§ 7, de stat. hom.). Ita ut liberorum numerus valida sit tutelæ excusatio, liberos vivos esse oportet (D. lib. XXVII, fr. 2, § 4).
Qui mortui nascuntur, nihil colligunt, neque nati neque procreati
videntur (D. loi 129, de verb. signif.).

B. Quoad sexum aut masculi sunt vel feminæ. Hi quorum sexus
dubius est, hermaphroditi vocantur; quæritur hermaphroditum cui
comparamus, et magis puto ejus sexus æstimandum qui in eo præ-
valet (de st. hom., § 10). Generaliter eadem jura utrique sexui fue-
runt concessa, tamen in multis juris nostri articulis deterior est conditio feminarum quam masculorum. Ita feminæ ab omnibus functio-
nibus virilibus et publicis muneribus arcentur, non quia non judicium
non habent, sed propter fragilitatem sexus earum (Pothier). Ergo tutelam gerere non possunt, quia tutela virile officium est, nisi a principe filiorum tutelam specialiter postulent (D. l. XXVI, fr. 16 et 18).
In aliis vero melior, nam feminæ citius ad pubertatem perveniunt et
aliis adhuc fruuntur privilegiis.

C. Demum ratione ætatis homines sunt majores aut minores. Sunt
minores usque ad vicesimum quintum annum; tamen adolescentes
qui vicesimi anni metas, et feminæ cum octavum et decimum annum
egressæ fuerint, per principis rescriptum ætatis veniam obtinere possunt (Const. 2, C. II, 45).

Plures in minoritate sunt gradus : usque ad septimam ætatem in-
fantes vocantur, tunc impuberes fiunt masculi usque ad decimum
quartum annum, feminæ usque ad duodecimum, tum incipit pubertas.

Pubertatem autem veteres non solum ex annis, sed etiam ex habitu
corporis in masculis æstimari volebant; sed Justinianus statuit, pubertatem in masculis post quartum decimum annum completum ac-
cipere initium (Inst., tit. XXII, præ).

Pupilli pupillæque, cum puberes esse cœperunt, tutela liberantur;
tum curatores accipiunt (Inst., tit. XXII et XXIII, præ). Quoad capa-

citatem justas nuptias contrahendi oportet masculos puberes esse et
feminas viripotentes (Inst., tit. X). Denique senectus quæ nos ab one-
ribus publicis excusat incipit septuagesimo anno (Inst., tit. XXV, § 13).

———

Vidimus quid sit naturalis status; nunc ad civilem statum cujus
primum caput ad libertatem spectat, transeamus. Nemo juris parti-
ceps esse nec persona vocari potest, nisi liber sit; summa itaque de
jure personarum divisio hæc est : quod omnes homines aut liberi
sunt aut servi (D. de st. hom.).

Libertas est naturalis facultas ejus quod cuique facere libet, nisi
si quid vi aut jure prohibetur (fr. 4, de st. hom.). Lex prohibuit nos
facere quædam, nam quæ cum legibus et bonis moribus pugnant ea
ne facere quidem nos posse credendum est, ut omnibus sit libertas
incolumnis (Heineccius).

Liberorum hominum quidam ingenui sunt, quidam libertini (D. § 5,
de st. hom.). Ingenuus est qui statim ac natus est liber est, nec un-
quam post in justa servitute fuit (Inst., tit. 4, præ et § 1); nam homo
liber qui se vendidit, manumissus, non ad suum statum revertitur
quo se abdicavit, sed efficitur libertinæ conditionis (fr. 21, de st. hom.).
Libertinus est qui ex justa servitute manumissus est (D. st. hom., fr. 6).

Servitus est constitutio juris gentium qua quis dominio alieno contra
naturam subjicitur (D. de st. hom.). Contra naturam, hoc est contra
communem illam omnium hominum conditionem quam habuerunt
a natura, cum jure naturali, omnes liberi nascerentur.

In servorum conditione nulla est differentia (Inst., tit. III, § 5).
Quod attinet ad jus civile, servi pro nullis habentur quia servitus
mortalitati fere comparatur (de regulis juris, fr. 32 et 209). Nullum
caput habent (Inst., tit. XVI, § 4). Non tamen et jure naturali, quia
quod ad jus naturale attinet, omnes homines æquales sunt.

Plane officiis et ministeriis differunt, sed cum hoc ex arbitrio do-

mini pendeat, non mutatur conditio civilis (Vinnius et Heineccius).
Unde nihil habent proprii, sed quidquid adquirunt quocumque modo,
id omne adquirunt domino (Inst., L. 2, tit. 9). Nec matrimonium
contrahunt, sed in contubernio vivunt cum ancillis, et liberi qui hac
conjunctione nascuntur, sub domini potestate sunt; servi sunt res
(Ulpien, fr. tit. XIX, § 1), et ex juris principiis fœtus tanquam acces-
sio ventris, ad dominum ventris pertinet.

Hæc in eos domini potestas erat secundum legem duodecim tabularum, ut jus vitæ ac necis haberet; sed ex constitutione Antonini qui
servum suum occiderit, non minus puniri jubetur quam qui alienum
servum occiderit (Inst., tit. VIII, § 2).

Servi autem nascuntur aut fiunt; nascuntur ex ancillis nostris; fiunt
aut jure gentium, id est ex captivitate; aut jure civili, 1º cum major
vigenti annis ad pretium participandum sese venundari passus est;
2º liberti ingrati adversus patronum (Inst., tit. III, § 4, L. 1).

Status civitatis.

Homo liber omnibus prærogativis gaudebat quæ jure naturali et
gentium introducta fuerant; libertas tamen illi legum civilium exerci-
tium non conferebat; deerat status civitatis qui liberos homines in
cives et peregrinos dividit.

Sed non una erat peregrinis conditio, nam subdividebantur in lati-
nos, italicos et provinciales. Latini et Italici suis regebantur magistratibus et legibus, sed in eo potior erat Latinorum conditio, quod ad
civitatem romanam pervenire poterant. Provinciales contra nec suis
magistratibus nec legibus parebant. Hæc divisio usque ad Antonini
tempora stetit, nam hic imperator civitatis jus civiliaque jura iis omnibus tribuere jussit qui imperii territorium incoluere (D. st. hom.,
fr. 17).

Non possumus innumerabilia recensere civitatis status commoda,
generalia tamen de præcipuis dicimus.

Et primum facultatem justas nuptias contrahendi, tantum habent cives romani (Inst. tit. X, Proœ.). Jus potestatis quod in liberos habemus proprium est civium romanorum, multi enim sunt alii homines qui talem in liberos potestatem habeant (Inst. tit. IX, § 2).

Qui non sunt cives romani a testamenti factione lege arcentur, nec contractus qui jure civili introducti sunt, quorum in numero sunt qui verborum solemnitate et scriptura tantum sunt perfecti contrahere possunt. Denique cives romani publica munera exercent.

Civitatem amittebant ii quibus aqua et igni interdictum est, nam ut illi hac adacti necessitate solum verterant et in aliam civitatem se receperant, romanam civitatem ipso jure amisisse censebantur. 2° deportati sed non relegati, 3° servi pœnæ; nam in Pandectis continetur: quidam sunt sine civitate ut sunt in opus publicum perpetuo dati, et in insulam deportati, ut eam quidem quæ juris civilis sunt non habeant, quæ vero juris gentium sunt habeant (D. de pœnis).

Status familiæ.

Ut aliquis exercitio pleno capacitatis civilis fruatur, non sufficit, libertatis et civitatis simul tenere statum, familiam illi adhuc esse oportet.

Sed familia variis significationibus adhibetur, nam in res et in personas deducitur (de verb. sig. fr. 195). In res utputa in lege duodecim tabularum : adgnatus proximus familiam habeto, hoc sensu defuncti patrimonium significat.

Si ad personas familiæ significatio referatur, dupliciter sumitur, in sensu lato eam vocamus hominum complexum qui a communi stipite descendunt.

In sensu stricto familiam vocamus personarum collectionem vinculo communi cohærentium, sive proveniat ex justis nuptiis sive ex adoptione at per virilis sexus personas tantum. Hinc orta est conjunctio agnatorum, ergo sunt agnati per virilis sexus personas cognatione conjuncti at qui per feminei sexus personas cognatione junguntur non sunt agnati, sed alias naturali jure cognati. (Gaius, Inst., § 156.)

Jure vetere ut aliquis jura quædam veluti jus legitimæ successionis vel tutelæ exercere posset necesse erat ut fuisset agnatus in familia in qua hæc sibi vendicabat, sed agnationis cognationisque discrimine sublato tutela legitima promiscue agnatis et cognatis deferri debet; idem nulla jam est differentia inter eos qui ad hæreditatem vocantur, sive per masculini, sive per fœminei sexus personam defuncto junge-bantur. (Novelle 118, § 4.)

Ex hoc statu sequitur alia divisio personarum, quod quædam alieni juris sunt, quædam sui juris; ex his quædam in tutela sunt vel in curatela aut neutro jure tenentur. Paterna potestas ex qua oritur hic familiæ status, solis parentibus masculinis non fœmininis competit (§ 10, Inst. de adopt.); ideo mulier familiæ suæ et caput et finis est (D. de verb. sig. fr. 195, § 5).

Denique qui libertatis statum, civitatis et familiæ simul amittebat; et qui jus civitatis familiæ quoque amittebat.

PROCÉDURE CIVILE.

PROCÉDURE EN CAS D'ABSENCE.

La procédure en cas d'absence est relative aux matières traitées par le Code civil au titre des absents ; elle a pour but de tracer les règles au moyen desquelles, 1° on pourvoit à l'administration de tout ou partie des biens laissés par une personne présumée absente, 2° on constate son absence, 3° on se fait envoyer en possession de ses biens.

Cette procédure est réglée en partie par le Code civil et en partie par le Code de procédure ainsi le Code civil détermine la compétence du tribunal auquel on doit s'adresser lorsqu'on veut obtenir l'envoi en possession, ou lorsqu'on demande qu'il soit pris des mesures conservatoires des biens de l'absent présumé. Le Code civil désigne également les personnes qui peuvent former ces demandes. Le Code de procédure indique dans les art. 859 et 860 la marche à suivre dans les deux cas. Quant à la manière de constater l'absence le Code civil s'en est occupé spécialement dans les art. 115 - 119. Nous consacrerons un chapitre à l'examen de chacune de ces trois procédures.

De la manière de pourvoir à l'administration des biens d'un absent présumé.

Lorsqu'une personne disparaît de son domicile ou de sa résidence, sans qu'on ait reçu de ses nouvelles, on doit, en ce qui concerne l'administration de ses biens, distinguer si elle a laissé ou non un mandataire.

Dans le premier cas le mandataire peut faire tous les actes qui sont dans l'étendue de ses pouvoirs, l'autorisation de justice n'est requise que pour les actes qui sont hors des termes du mandat; dans le second cas comme dans celui ou le mandat cesse soit par la mort du mandataire soit de toute autre manière, il y est statué par le tribunal de première instance sur la demande des parties intéressées (art. 112, C. c.).

Le tribunal compétent est celui de première instance (art. 112), mais le Code ne dit pas si ce tribunal est celui du domicile ou de la situation des biens. La question a été agitée au conseil d'État; il a été décidé que la présomption d'absence doit être jugée par le tribunal du domicile, et que d'après ce jugement, chacun des tribunaux de la situation des biens pourvoira, s'il y a nécessité, à l'administration des biens situés dans son ressort. Cette décision est d'un grand poids à cause des motifs sur lesquels elle repose; car, d'un côté, aucun tribunal n'est plus à même de juger le fait de la présomption d'absence que le tribunal du domicile, d'un autre côté, le tribunal de la situation des biens peut seul prendre les mesures les plus utiles et les plus appropriées aux circonstances (Carré et Toullier).

Du reste le Code a laissé une latitude indéfinie aux juges relativement au mode de pourvoir à l'administration des biens, il leur a seulement prescrit d'adopter les mesures nécessaires et de les appliquer à la partie des biens qui en a le plus besoin; ils sont même autorisés à lui nommer un curateur, mais ils doivent avoir soin de limiter ses pouvoirs, car les jugements rendus contre lui sont obligatoires pour le présumé absent (Malleville et Duranton).

Ces mesures doivent être provoquées par les parties intéressées, (art 112) : par ces mots il faut entendre tous ceux qui ont un intérêt pécuniaire quelconque, tels que l'époux, les enfants, les créanciers, les associés.

Ce droit compète même à ceux qui n'ont qu'un intérêt éventuel comme les héritiers présomptifs ; il est naturel que ceux qui recueillent plus tard les biens de l'absent, s'il ne reparaît pas, veillent à la conservation de ses biens, et qu'il leur soit permis de requérir l'emploi des mesures qu'autorise l'art 112 (Carré).

Ceux qui n'ont qu'un intérêt d'affection comme celui des parents ou des amis, peuvent seulement s'adresser au ministère public, pour qu'il provoque d'office les mêmes mesures conservatoires puisque, suivant l'art. 114, il est chargé spécialement de veiller aux intérêts des personnes présumées absentes (Pigeau et Proudhon).

Quant à la marche à suivre devant les tribunaux ;

1° On s'adresse au président du tribunal civil du domicile ou de la dernière résidence du présumé absent par une requête signée d'un avoué.

2° On joint à cette requête les pièces et documents qui constatent le départ de l'absent : par exemple, les lettres missives et autres renseignements sur cette disparition, sur le défaut de nouvelles, en un mot sur tout ce qui peut justifier la demande. Si l'on ne peut pas fournir de telles preuves, l'on y supplée par un acte de notoriété délivré par le juge de paix du lieu où l'absent a eu son dernier domicile, cet acte doit contenir la déclaration de la disparition par quatre témoins appelés d'office (Carré et Pigeau).

3° Au bas de cette requête, le président rend une ordonnance par laquelle il commet un des juges pour faire le rapport et ordonne que la requête et les pièces y annexées seront communiquées au procureur de la République (art. 859).

Au jour indiqué le juge fait son rapport (art. 859), et le procureur de la République donne ses conclusions; c'est ce qui résulte de nombreuses dispositions du Code; ainsi l'art. 114 dit en général qu'ils seront entendus sur toutes les demandes qui concernent les présumés absents. L'art. 83 du Code de procédure range parmi les causes qui doivent leur être communiquées celles qui concernent les personnes présumées absentes; enfin l'art. 859 du Code de procédure ne permet de prononcer le jugement qu'après avoir entendu le procureur de la République.

5° Enfin le jugement est rendu en la chambre du conseil.

De la demande en déclaration d'absence.

I. Pour que la déclaration d'absence puisse être provoquée, il faut qu'il se soit écoulé un laps de quatre années depuis son éloignement ou depuis la réception des dernières nouvelles; la demande serait rejetée quand même on n'aurait eu qu'indirectement des nouvelles de l'absent présumé (Malleville).

Cependant si l'absent avait laissé une procuration, la demande ne pourrait être formée qu'après dix années écoulées depuis la même époque, quand même la procuration viendrait à cesser avant ce temps; il est absolument nécessaire que la procuration soit générale, car ce mandat seul indique de la part de l'absent le projet de s'éloigner pendant un temps plus ou moins long (Delvincourt). Enfin, la demande en déclaration d'absence pourrait être formée après dix années écoulées sans qu'on ait reçu de ses nouvelles quand même la procuration aurait été donnée pour plus de dix ans.

II. Ceux qui sont recevables à provoquer la déclaration d'absence, sont : l'héritier présomptif de l'absent, son épouse, son légataire universel ou particulier : En un mot, l'absent qui ne reparaît pas étant présumé mort du jour de la disparition ou des dernières nouvelles, tous ceux qui ont des droits subordonnés à la condition de son décès, peuvent intenter cette action.

Dans ce but, ils présentent requête au tribunal du domicile de l'absent ; ou si le domicile est inconnu de sa dernière résidence, il résulte de plusieurs dispositions du Code que ce tribunal est le seul compétent ; ainsi l'art. 59 a exprimé en principe général que le défendeur doit être assigné devant le tribunal de son domicile, ou, s'il n'a pas de domicile connu, devant le tribunal de sa résidence ; or, la question que nous examinons en ce moment est une question d'état purement personnelle ; d'ailleurs, la déclaration d'absence donne lieu à l'ouverture provisoire de la succession de l'absent, et, suivant les principes du droit, c'est le tribunal du domicile qui est compétent en matière de succession (art. 110 et 822, C. c.).

Le tribunal en ordonne la communication au procureur de la République qui dès-lors devient partie adverse (art. 116, C. c.).

Si le tribunal trouve la demande plausible, il ordonne que l'absence sera constatée, et qu'à cet effet une enquête sera faite contradictoirement avec le procureur de la République dans l'arrondissement du domicile et dans celui de la résidence, s'ils sont distincts l'un de l'autre.

Il importe de remarquer que le procureur de la République est partie principale dans cette procédure ; ainsi il peut reprocher les témoins, il peut en proposer à son appui ; c'est ce qui distingue cette procédure qui est contentieuse des deux autres qui sont purement volontaires.

La loi laisse d'ailleurs une liberté indéfinie aux juges de rejeter la demande ou de prolonger les délais suivant les circonstances et le mérite des preuves ; c'est ce qui résulte de la disposition de l'art. 117 qui leur prescrit d'avoir égard aux motifs de l'absence et aux causes qui ont pu empêcher d'avoir des nouvelles de l'absent présumé.

Le procureur de la République enverra, aussitôt qu'ils seront rendus, les jugements, tant préparatoires que définitifs, au ministre de la justice qui les rendra publics.

Enfin pour que l'absent ait le temps de reparaître ou de donner de ses nouvelles, l'art. 119 ne permet au tribunal que nous avons indiqué de prononcer la déclaration d'absence qu'un an après le jugement qui a ordonné l'enquête.

De l'envoi en possession.

Les héritiers présomptifs de l'absent, au jour de sa disparition ou de ses dernières nouvelles, peuvent demander l'envoi en possession provisoire; ils transmettent ce droit à leurs héritiers auxquels il appartient irrévocablement, quand même il y aurait des héritiers plus proches qu'eux au temps de la déclaration de l'absence (Proudhon).

Ils s'adressent dans ce but au tribunal du dernier domicile de l'absent; il est d'ailleurs nécessaire d'obtenir un nouveau jugement, car le jugement en déclaration d'absence ne fait que constater l'absence, tandis que celui d'envoi en possession désigne les personnes qui obtiennent cet envoi (Delvincourt et Pigeau).

S'il survenait une contestation sur l'époque de la réception des dernières nouvelles, les juges ne seraient pas tenus d'ordonner une nouvelle enquête, la solution de cette question n'intéressant que ceux qui demandent l'envoi en possession.

Quant aux formalités à observer pour obtenir ce jugement, elles sont absolument les mêmes que celles prescrites, en cas de présomption d'absence, pour obtenir des mesures conservatoires.

Ceux qui ont obtenu l'envoi en possession provisoire étant comptables envers l'absent s'il reparaît, sont tenus de faire inventaire du mobilier et des titres; cet inventaire est fait avec légitime contradiction, c'est-à-dire, avec le ministère public qui est toujours chargé de veiller aux intérêts de l'absent présumé (art. 125 et 114, C. c.).

A la requête des envoyés en possession, le tribunal peut, s'il l'estime convenable, ordonner la vente de tout ou partie du mobilier; les rédacteurs du Code n'ayant pas ordonné de suivre à cet effet les formalités prescrites pour la.vente du mobilier d'un mineur, nous pensons que ce point est laissé à la prudence du tribunal, qui peut dispenser de ces formalités (Toullier).

La visite des immeubles à lieu par un expert nommé par le tribunal, et son rapport est homologué contradictoirement avec le procureur de la République (126, C. c.).

Ce rapport n'a lieu que dans l'intérêt des envoyés en possession, car sans cela ils sont toujours censés avoir reçu les biens en bon état et sont tenus de les rendre de même. Cependant la loi en a mis les frais à la charge de l'absent. Celui-ci, à plus forte raison, doit supporter les frais des actes faits uniquement dans son intérêt, tels que ceux de l'inventaire (126, C. c.).

Enfin la loi soumet tous ceux qui sont envoyés en possession à l'obligation de fournir caution.

Cette caution est présentée au procureur de la République qui en discute la solvabilité (art. 120-114). Cependant, s'ils ne peuvent pas en trouver, le jugement d'envoi en possession n'en produit pas moins ses effets ; cette caution n'est pas exigée comme une condition, mais seulement comme une charge attachée à cet envoi (arrêt de la Cour de cass. du 2 avril 1823). Pour qu'ils ne soient pas privés de leurs droits, on leur applique la disposition de l'art. 602 au titre de l'usufruit.

FIN.

www.ingramcontent.com/pod-product-compliance
Lightning Source LLC
Chambersburg PA
CBHW060459210326
41520CB00015B/4016